WE BOTH READ®

Introducción a los padres

La serie de libros *We Both Read* ha sido desarrollada por especialistas en lectura para invitar a los padres y a los niños a interactuar mientras leen juntos. Este libro en particular ha sido concebido para que un padre o un adulto le lea todo el libro al niño. Sin embargo, durante la lectura, se le invita al niño a que participe activamente, observando las imágenes y respondiendo a las preguntas.

Este libro ayudará a su hijo a contar, así como a identificar los números del 1 al 10. Las preguntas en el libro invitan a su hijo a contar ciertos elementos en cada ilustración. Las destrezas de contar hasta diez y de identificar los números 1 a 10 son importantes para los estudiantes que comienzan la escuela. Si es necesario, puede ayudar a su hijo a desarrollar estas destrezas, contando juntos y señalando los números en las fotos.

Otras preguntas en el libro invitan a su hijo a mirar cuidadosamente cada imagen y hacer una conjetura o llegar a una conclusión sobre lo que está sucediendo en la escena. Pensar en estas preguntas ayudará a su hijo a desarrollar el pensamiento crítico y las destrezas de comprensión, que son habilidades importantes para la lectura y las matemáticas.

Cuando su hijo conteste una de estas preguntas, pregúntele qué cosa en la imagen le hizo llegar a esa respuesta. Si hiciera falta, puede ayudar a su niño a pensar en las preguntas y señalarle pistas en las imágenes que lo ayuden a generar conjeturas atinadas. En algunos casos puede haber una respuesta correcta (¿Qué animal en la imagen es el más grande?), y en otros casos puede haber diferentes interpretaciones de lo que está sucediendo (¿Cómo crees que el chico del sombrero verde se está sintiendo?).

Dependiendo de su hijo, puede que resulte útil leerle solo una parte del libro por vez. También puede ser útil leer este libro más de una vez con su hijo. En una segunda lectura, considere hacerle a su hijo sus propias preguntas para invitarlo a contar objetos o a hablar de lo que está pasando en las escenas. Recuerde elogiar los esfuerzos de este y mantener una interacción divertida.

Mantenga estos consejos en mente, pero no se preocupe por seguirlos al pie de la letra. El hecho simple de que compartan este libro juntos ayudará a preparar a su hijo para la lectura, las matemáticas, y a que le vaya bien en la escuela.

WE BOTH READ®

Parent's Introduction

We Both Read books have been developed by reading specialists to invite parents and children to interact as they read together. This particular book is designed for a parent or adult to read the entire book to a child. However, throughout the book the child is invited to actively participate by looking at the pictures and responding to questions.

This book will help your child with counting as well as identifying the numbers 1 to 10. Questions in the book invite your child to count certain items in each picture. The skills of counting to ten and identifying the numbers 1 to 10 are important for students beginning school. If needed, you can help your child develop these skills by counting together and pointing out the numbers in the pictures.

Other questions in the book invite your child to look carefully at each picture and make a guess or reach a conclusion about what is happening in the scene. Thinking about these questions will help your child to develop critical-thinking and comprehension skills, which are important skills for both reading and mathematics.

When your child answers one of these questions, consider asking what in the picture made him think of that answer. When needed, you can help your child think about the questions and point out clues in the pictures to help encourage appropriate guesses. In some cases there may be a correct answer (Which animal in the picture is the biggest?), and in other cases there may be different interpretations of what is happening (How do you think the boy in the green hat is feeling?).

Depending upon your child, it may be helpful to read only a part of the book at a time. It may also be helpful to read this book more than once with your child. In a second reading, consider making up some of your own questions that invite your child to count items or discuss what is happening in the scenes. Remember to praise your child's efforts and keep the interaction fun.

Keep these tips in mind, but don't worry about doing everything right. Simply sharing the book together will help prepare your child for reading, mathematics, and doing well in school.

How Many? • *¿Cuántos hay?*

A We Both Read English/Spanish Bilingual Edition: Level PK–K
Guided Reading: Level AA

———————————————————

Text Copyright © 2016 by D. J. Panec
Illustrations Copyright © 2016 by Katherine Blackmore
Reading Consultant: Bruce Johnson, M.Ed.

We Both Read® is a trademark of Treasure Bay, Inc.
Translation Services by Cambridge BrickHouse, Inc.
Spanish translation © 2016 by Treasure Bay, Inc.

Published by Treasure Bay, Inc.
P.O. Box 119
Novato, CA 94948 USA

Printed in Malaysia

Library of Congress Catalog Card Number: 2015940400

ISBN: 978-1-60115-074-5

Visit us online at:
www.WeBothRead.com

PR-11-19

How Many?
A Counting Book

¿Cuántos hay?
Un libro para contar

By D. J. Panec

Illustrated by Katherine Blackmore

Translated by Yanitzia Canetti

TREASURE BAY

The beach is a wonderful place to play. How many children do you see playing in the water? How many are building a sand castle?

La playa es un lugar maravilloso para jugar. ¿Cuántos niños ves jugando en el agua? ¿Cuántos están construyendo un castillo de arena?

Can you guess what the weather is like here? One woman is holding an orange umbrella. Why do you think she has brought her umbrella to the beach?

¿Puedes adivinar qué tipo de clima hay aquí? Una mujer está sosteniendo una sombrilla naranja. ¿Por qué crees que ha traído su sombrilla a la playa?

Many animals live in the forest. Can you find three
birds in the trees? How many birds are in the air?
How many altogether?

*Muchos animales viven en el bosque. ¿Puedes encontrar
tres pájaros en los árboles? ¿Cuántos pájaros hay en el
aire? ¿Cuántos en total?*

How many deer do you see in this picture? What do you think the animals will do when the hikers get close to them?

¿Cuántas ciervos ves en esta ilustración? ¿Qué crees que harán los animales cuando los excursionistas se acerquen a ellos?

These children enjoy watching people build. How many children are watching? How many adults are working? Can you find the number **1** on this page?

*Estos niños disfrutan observando cómo construye la gente. ¿Cuántos niños están observando? ¿Cuántos adultos están trabajando? ¿Puedes encontrar el número **1** en esta página?*

All the workers are wearing yellow hard hats. Why do you think construction workers wear those hard hats? What do you think they are building?

Todos los trabajadores están usando cascos amarillos. ¿Por qué crees que los trabajadores de la construcción usan cascos? ¿Qué crees que están construyendo?

This is a dairy farm. How many cows do you see here?
What do children often drink that comes from cows?
What do you think cows eat and drink?

Esta es una granja lechera. ¿Cuántas vacas ves aquí?
¿Qué suelen beber los niños que proviene de las vacas?
¿Qué crees que comen y beben las vacas?

These cows are black and white. What kinds of animals do you see that are all black? How many animals do you see that are all white?

Estas vacas son de color blanco y negro. ¿Qué tipo de animales ves que son completamente negros? ¿Cuántos animales ves que son completamente blancos?

Look at all the snow! What season do you think it is? How many children are skating? How many are sledding down the hill?

¡Mira toda la nieve! ¿Qué estación crees que es? ¿Cuántos niños están patinando? ¿Cuántos están deslizándose por la colina?

How do you think the child in the green hat is feeling? How about the girl in the brown skirt? How about the boy in the red hat?

¿Cómo crees que se está sintiendo el niño con el gorro verde? ¿Y la chica de la falda marrón? ¿Y el niño con el gorro rojo?

Many different kinds of fish and animals live in the ocean. How many yellow fish can you find in this picture? Can you find five sea stars?

Muchos tipos diferentes de peces y animales viven en el océano. ¿Cuántos peces amarillos puedes encontrar en esta imagen? ¿Puedes encontrar cinco estrellas de mar?

How many sea stars are red? How many are orange? Do you think sea stars are fish? What other animals do you see that might not be fish?

¿Cuántas estrellas de mar son rojas? ¿Cuántas son de color naranja? ¿Crees que las estrellas de mar son peces? ¿Qué otros animales ves que tal vez no sean peces?

Many people love the dinosaurs in the Natural History Museum. Which dinosaur do you think is the scariest? Which do you think is the longest one? Which is the smallest?

A mucha gente le encantan los dinosaurios en el Museo de Historia Natural. ¿Qué dinosaurio crees que es el más aterrador? ¿Cuál crees que es el más largo? ¿Cuál es el más pequeño?

How many children here are wearing green shorts? How many are wearing blue pants? Which child do you think might be in the wrong group?

¿Cuántos niños están aquí con pantalones cortos y verdes? ¿Cuántos están vistiendo pantalones azules? ¿Qué niño crees que podría estar en el grupo equivocado?

Look! A parade! There are seven brass instruments in the marching band. Four of them are trombones. How many are trumpets? How many children are riding bicycles?

¡Mira! ¡Un desfile! Hay siete instrumentos de metal en la banda que marcha. Cuatro de ellos son trombones. ¿Cuántos son trompetas? ¿Cuántos niños están montando bicicletas?

16

The American flag has three colors on it. What colors do you see on the flag? Can you find the number 4 on this page? How do you think the children in the parade are feeling?

La bandera americana tiene tres colores. ¿Qué colores ves en la bandera? ¿Puedes encontrar el número 4 que aparece en esta página? ¿Cómo crees que se están sintiendo los niños en el desfile?

The airport is a busy place. How many people in uniform do you see? What kind of jobs do you think they do? Can you find the number **7** on this page?

*El aeropuerto es un lugar muy concurrido. ¿Cuántas personas en uniforme ves? ¿Qué tipo de trabajos crees que hacen? ¿Puedes encontrar el número **7** en esta página?*

It looks like people are starting to board one of the airplanes. What do you think is happening with the lady with the purple suitcase? How many black suitcases do you see?

Parece que la gente está empezando a abordar a uno de los aviones. ¿Qué crees que está pasando con la señora con la maleta de color violeta? ¿Cuántas maletas negras ves?

This is the Sonoran Desert. How many desert tortoises do you see here? Which cactus is the tallest? Which is the shortest? How hot do you think it is in this place?

Este es el desierto de Sonora. ¿Cuántas tortugas del desierto ves aquí? ¿Cuál es el cactus más alto? ¿Cuál es el más bajito? ¿Cuánto calor crees que hay en este lugar?

Do you think it is always hot in the desert? Can you find the number 4 in this picture? Look everywhere— it's a little tricky! (Is there a cactus that looks like a 4?)

¿Crees que siempre hay calor en el desierto? ¿Puede encontrar el número 4 en esta imagen? Mira por todas partes, ¡es un poco difícil! (¿Hay un cactus que parece un 4?)

Go, team, go! Do you know what game these children are playing? Can you find the number **9** in this picture? Can you find the number **5**?

*¡Dale, equipo, dale! ¿Sabes a qué están jugando estos niños? ¿Puedes encontrar el número **9** en esta ilustración? ¿Puedes encontrar el número **5**?*

How many players are on the red team? How many players are on the blue team? How many players are there altogether?

¿Cuántos jugadores están en el equipo rojo? ¿Cuántos jugadores están en el equipo azul? ¿Cuántos jugadores hay en total?

It's pumpkin time! What season do you think it is? What do you think this weather feels like? Can you find the number **2** in this picture?

*¡Es la temporada de la calabaza! ¿Qué estación crees que es? ¿Qué piensas acerca de este clima? ¿Puedes encontrar el número **2** en esta ilustración?*

Some of the children are wearing scarves. How many scarves are blue? How many are striped? How many scarves are there altogether?

Algunos de los niños están usando bufandas. ¿Cuántas bufandas son azules? ¿Cuántas tienen rayas? ¿Cuántas bufandas hay en total?

Someone is having a birthday. Can you guess whose birthday it is? How old do you think she is today? Can you find the number 6 in the picture?

Alguien está teniendo un cumpleaños. ¿Puedes adivinar de quién es el cumpleaños? ¿Qué edad crees que cumple hoy? ¿Puedes encontrar el número 6 en la ilustración?

The guests are wearing purple and green hats. How many green hats do you see? How many purple ones? How many children do you see at this party?

Los invitados están usando gorritos morados y verdes. ¿Cuántos gorritos verdes ves? ¿Cuántos morados? ¿Cuántos niños ves en esta fiesta?

It's lunchtime! How many children are eating in the diner today? How many grown-ups? Which table has the most people? Which has the least?

¡Es la hora del almuerzo! ¿Cuántos niños están comiendo en el restaurante hoy? ¿Cuántos adultos? ¿Qué mesa tiene más gente? ¿Cuál tiene menos?

Some of the children are behaving nicely. Which ones do you think are behaving nicely? Can you find the number **3** in this picture?

Algunos de los niños se están portando muy bien.
¿Cuáles crees que se están portando muy bien?
*¿Puedes encontrar el número **3** en esta ilustración?*

These dogs are enjoying a day at the dog park. How many dogs do you see here? Which dog is jumping the highest?

Estos perros están disfrutando el día en el parque para perros. ¿Cuántos perros ves aquí? ¿Qué perro está saltando más alto?

Which dog is the smallest? Which is the biggest? Do you see any cats here? Why do you think they are hiding?

¿Cuál es el perro más pequeño? ¿Cuál es el más grande? ¿Ves algún gato aquí? ¿Por qué crees que se esconden?

It's a warm and rainy day in the park. What season do you think it is? How many baby birds are in the nest? How many more worms must the mother bird find to feed all of her babies?

Es un día cálido y lluvioso en el parque. ¿Qué estación crees que es? ¿Cuántos pichones están en el nido? ¿Cuántos gusanos más necesita encontrar la mamá pájara para alimentar a todos sus bebés?

How many baby ducklings are following their mother?
One duckling is going the wrong way! Why do you think
that duckling is not following its mother?

*¿Cuántos patitos están siguiendo a su madre? Un patito
va por el camino equivocado! ¿Por qué crees que ese
patito no está siguiendo a su madre?*

These children are putting on a play. How many are dressed as little kittens? Do you think these kittens are pretending to be happy or sad?

Estos niños están montando una obra de teatro. ¿Cuántos están vestidos como pequeños gatitos? ¿Crees que estos gatitos están fingiendo que son felices o tristes?

The play is about kittens that have lost their mittens. How many pairs of mittens do you think they've lost? Can you find their mittens?

La obra trata sobre gatitos que han perdido sus mitones o guantes. ¿Cuántos pares de mitones crees que han perdido? ¿Puedes encontrar sus mitones?

A farmers market is a great place to find fresh fruit and vegetables. How many different kinds of food do you see that are green?

Un mercado de agricultores es un gran lugar para encontrar frutas y vegetales frescos. ¿Cuántos diferentes tipos de alimentos verdes ves?

How many kinds of food do you see that are orange?
How many different apple colors do you see? What are
the colors?

¿Cuántos tipos de alimentos de color naranja ves?
¿Cuántos diferentes colores de manzana ves? ¿Cuáles
son esos colores?

It's a busy time for shopping. What time of year do
you think it is? Do you think it is cold or hot? The
bike store has a striped awning over the door.

*Es una época muy ocupada para ir de compras. ¿Qué
época del año crees que es? ¿Crees que hay frío o
calor? La tienda de bicicletas tiene un toldo a rayas
sobre la puerta.*

How many red stripes do you see? How many white stripes? What do you think the young boy in front of the bike shop is feeling?

¿Cuántas rayas rojas ves? ¿Cuántas rayas blancas? ¿Qué crees que siente el chico en frente de la tienda de bicicletas?

This classroom has many fun activities to choose from. Can you name three activities the children are doing? Can you find the number **10** in this picture? Can you find the number **8**?

*Esta clase tiene muchas actividades divertidas para elegir. ¿Puedes nombrar tres actividades que los niños están haciendo? ¿Puedes encontrar el número **10** en esta ilustración? ¿Puedes encontrar el número **8**?*

How many children are sitting down? How many are standing up? Who do you think is having the most fun? What do you think some of the other children are feeling?

¿Cuántos niños están sentados? ¿Cuántos están de pie? ¿Quién crees que se está divirtiendo más? ¿Qué crees que están sintiendo algunos de los otros niños?

If you liked **How Many?**, here is another
We Both Read® book you are sure to enjoy!

*Si te gustó ¿**Cuántos hay?**, ¡seguramente disfrutarás*
este otro libro de la serie We Both Read®!

Too Many Cats • *Demasiados gatos*

Suzu has asked for a white cat for her birthday.
Now, on the night before her birthday, she begins
to find cats all over the house. Suzu loves cats, but
now she has too many! This book is a delight to
read, with a focus for the beginning reader on
the names for colors and the numbers from one
to ten.

Suzu ha pedido un gato blanco por su cumpleaños.
La noche antes de su cumpleaños, ella empieza
a encontrar gatos por toda su casa. Suzu ama
los gatos, ¡pero ahora ella tiene demasiados!
Es un deleite leer este libro cuyo enfoque para
primeros lectores es los nombres de los colores y
los números del uno al diez.